나의 작은 팔레트 1
Ma petite palette

이정현

하늘색 :

이른 새벽부터 늦은 밤까지 하늘이 품은 모든 빛깔

들어가는 말

　모네는 서른 점의 루앙 대성당을 그렸습니다. 같은 대상을 서른 번이나 그렸지만 그리는 때의 날씨와 시간에 따라 각각 다른 색으로 캔버스를 채웠습니다. 오랜 시간 제자리를 지키던 성당도 모네에게는 매시간 다른 모습으로 보였기 때문입니다.

　삶의 모습도 이와 닮았습니다. 우리의 하루에는 다양한 모습과 감정이 담겨있습니다. 힘겹게 하루를 시작했지만 기분 좋게 잠들기도 하고 기대에 찬 하루가 실망으로 끝나기도 하는 것처럼요. 그런 하루가 모여 만든 인생에는 수많은 오르내림이 있습니다. 그중 어느 하루를 특정해 한 사람의 삶을 정의할 수 있을까요.

오늘의 나는 지나온 모든 날이 중첩된 모습이고 새로운 하루를 더한 내일의 나는 오늘과 또 다른 모습입니다. 세상의 모습도 마찬가지입니다. 우린 각기 다른 시간에 태어나 제한된 시간 동안 세상을 바라봅니다. 옳고 그름을 논하기 전에 서로의 시간에 대한 존중이 필요한 이유입니다.

하늘색 크레파스를 말하면 모두 같은 색의 크레파스를 떠올립니다. 하지만 그것은 라벨에 표기된 명칭일 뿐 창밖에 보이는 하늘은 다른 색일 때가 더 많습니다.

이 책은 하늘색 크레파스가 아닌 다양한 하늘을 보여주기 위해 기획되었습니다. 스물네 시간 어딘가 비워내지 못한 작은 조각들과 글을 쓰려 할 때마다 따라다니던 응어리가 담겼습니다.

또한 상대적으로 주목받지 못한 이들의 시간과 감내하는 이들의 하늘이 담겼습니다. 오전 열한시의 내가 쓴 글이지만 오후 일곱시의 나는 지우고 싶은 글일지도 모릅니다. 어떤 글엔 공감하고 어떤 글엔 불편하다면 그건 우리의 시간이 잠시 맞닿았거나 어긋나있기 때문이겠죠.

 그래도 누군가에겐 이 글이 작은 위로가 되었으면 하는 바람입니다. 나만 그렇게 생각한 게 아니었다면서요.

4:00AM

4:00 AM

하루를 마감하는 이의 내일과
하루를 시작하는 이의 어제가
교차하는 새벽

밤

날이 어둑해지면

도시는 환하게 빛난다

검푸른 하늘이 비워낸 별들이

차가운 콘크리트 속에 차곡차곡 박혔다

저마다 사연을 담아낸 별들이

하나둘 조용히 저문다

날이 밝는다

정류장

아직 어둔 새벽

벼락같은 자명종 소리에

깊은 잠은 나를 배신하고

십 분만 더

아니 오 분만 더

마지막 기회를 가까스로 붙잡고선

억지로 몸을 일으키며 생각한다

삶은 왜 이리 고달픈가

신발을 구겨 신고

터벅터벅 정류장에 도착하니

그곳엔 다른 고달픈 삶들이

먼저 와 서있다

입김

구름 한 점 뭉치지 않은
새카만 하늘에
뽀얀 입김을 피웠다
순회를 마친
삶의 부산물들이
어둠 속으로 사라진다
숨을 누리는 것조차
당연한 게 아님을
상기하는 나날들
멀리서 들려오는
누군가의 발소리에
황급히 마스크를 올린다

불면증

그믐달이 샛별을 등진 창가
눈시울에 번진 창백한 빛무리와
바람에 묻힌 사이프러스의 숨소리
잠든 세상을 반기는 건 재잘 거리는 별 뿐이라
화가는 빈 하늘을 하염없이 메운다

새벽기도

이른 새벽
잠을 잊을 만큼
절박했던 시간도
지난날이 되었다
소망은 백지가 되고
다짐은 거품이 되고
견뎌야 했던 간절함만
훈장처럼 남았다

청소

타버린 꽁초

구겨진 휴지

악취 담긴 비닐

파편이 된 유리창

고개 꺾여 경련하는 새

길가에 식어버린 작은 짐승

조용히 간밤의 흔적을 지우는 사람들과

아무 일 없었다는 듯 하루를 시작하는 사람들

배경

작은 세계의 주인공들은
넓은 세상에서 조연이 되고
마침내 서로의 배경이 된다
무관심에 피고 지는 들꽃처럼
마지못해 떨어지는 나뭇잎처럼

강박

제목부터 신선하지 않네요
누구나 다 쓸법한 소재예요
욕망이 잘 부각되지 않아요
첫 문장에 임팩트가 없어요
소설에 대화가 너무 많아요

밤새 머뭇거리는 손가락에
커서만 조롱하듯 깜박인다

인내

삿대질하는 고객 앞에 무릎 꿇고
일당 칠만 원 때문에 뺨까지 내줬다

굶어 죽기 싫으면 더러워도 참아라
학교 다닐 때 공부 좀 열심히 하던가

얼얼했던 뺨보다 가슴이 더 쓰린 밤
이불 속에 웅크린 채 마음을 달랜다

6:30AM

6:30AM

날이 밝는 게 기다려지던 날도 부담스럽던 날도
언제나 같은 해가 떠있었다

어린시절

지루하고 어설펐던 시절
그리고 온전히 나였던 시절

꿈

어른이 되고 할 수 있는 일이 많아졌지만
어릴 적보다 작은 꿈을 꾸고 있다
안정적인 길만 좇아가면서
현실이라는 말로 두려움을 덮고 있다

영향

소년들은 무엇을 보고 들으며 자라는가

삼십 분 더 공부하면 마누라 얼굴이 바뀐다는
                                                급훈
명문대에 진학하고 처음 클럽을 간 선생님의
                                               무용담
남학생들만 있으니 하는 얘긴 데로 시작하는
                                              음담패설
외제차를 타고 명품 시계를 찬 학원 강사의
                                           조롱과 멸시

그들 역시 어른이 되어 같은 어른을 물려준다

비교

생애 주기의 문턱마다 들려오는 또래들의 소식에
초라한 내 모습을 견디는 게 통과 의례처럼 되었다

명문 대학에 입학한 A와 재수를 선택한 나
높은 연봉의 전문직이 된 B와 구직 중인 나
결혼해서 아이가 있는 C와 아직 혼자인 나

걸음을 뗀 시기도 말을 시작한 시기도 제각각인데
이후 일어난 일들은 그때만큼 너그럽지 않았다

평범

현실적인 조언이랍시고
두려움을 심는 전문가
실패를 용납 못하는 사회
기다려주지 않는 사람들
그렇게 현실성만 따지다가
모두 범인이 된 세상

방황

뚜렷한 목표 없이 겉돈다고 해서

수업시간을 사색으로 채운다거나
졸업장 대신 여행을 떠난다 해서

사랑이란 환상에 모든 걸 던지고
이별을 쉽게 지우지 못한다 해서

남보다 시작이 좀 늦으면 어때서

자소서

정해진 수의 글자를 모두 채우기에
나의 성장 과정에는 여백이 많았다
그마저도 뻔한 말들을 지우고 나니
아무것도 쓸 게 없는 사람이 되었다

알람

알람을 미루고 미루다 일어나
씻는 둥 마는 둥 먹는 둥 마는 둥
대충 옷을 입고 집을 나선다
매일 같은 정류장 같은 버스
같은 사무실에 같은 사람들
정신없이 울리는 전화벨과
메일함에 잔뜩 쌓인 업무
회의와 점심과 야근과 회식
돌아와 불을 끄고 알람을 키면
어제와 오늘과 내일이 똑같다

노동

이념으로 포장된 숭고한 노동은
땀방울에 신성한 가치를 담았지만
정작 땀 흘리는 노동자의 목숨은
낡은 컨베이어 벨트보다 비루했다
국화 한 송이 눈물 한 방울 없이
물걸레가 핏자국을 삼키고 떠나가면
또 다른 노동자가 빈자리를 메우고
돌아가는 벨트에 작업을 이어간다

자본

믹스커피를 휘저으며 A 과장은 생각한다
그때 그 주식을 샀으면 지금 뭐하고 있을까
그 코인을 샀다면 이렇게 살고 있진 않겠지
B 과장이 산 아파트는 두 배가 됐다던데

A 과장은 월급명세서에 찍힌 실수령액에서
매달 나가는 공과금과 연금 보험료 통신비
집세와 관리비 차량 유지비 사교육비를 뺀다
안전을 추구하던 과거의 자신이 원망스럽다

광고에 나오는 고급 세단과 명품 아파트는
이제 월급만으론 가질 수 없는 게 되었지만
누구나 가능한 노력의 부산물로 포장되어
하루가 벅찬 이들에 초라한 오명을 씌운다

9:00AM

9:00AM

운동을 하지 않던 사람도 사력을 다해 뛰게 하는
55분의 마법

하루

내일을 살려면 돈이 필요했고
나는 하루를 스물네 등분하여
그중 여덟 조각을 팔기로 했다

하루를 파는 건 쉽지 않았다
서로 팔고 싶어 안달을 하는데
사려는 사람들은 보이지 않았다

하루를 파는 경쟁은 치열해졌고
나 또한 두 조각을 더 얹어서야
간신히 한 곳에 팔 수 있었다

여덟 조각만 팔려고 했는데
하루가 모두 그들의 것이 되었다
그럼에도 계속 팔 수밖에 없었다

출근

사원증을 태그함과 동시에
일상을 저당잡힌 직원들은
온종일 모니터만 바라보며
어두운 퇴근길을 기다리나
그마저도 대부분 잠을자고
밝아오는 창문을 저주한다

실적

실적 쌓기에만 바빠서
미래는 염두에 두지 않는다
거위는 모두 배가 갈렸고
고기는 바닥이 났는데
나까지만 먹으면 된다며
아무도 새 밥을 짓지 않는다

시험

기출문제를 분석해 출제 경향을 파악하고
비슷한 유형의 문제들을 반복해서 풀면서
효율적으로 점수를 올리는 데만 몰두한다

암기를 쉽게 하려 억지스러운 말을 만들고
보기만 읽고서 정답을 찾는 법을 배우지만
시험장 밖에선 아무런 쓸모를 찾지 못한다

성적은 자격증 졸업장 연봉으로 교환되어
목적만 달성하면 잊어버려도 괜찮은 공부

그저 시험을 잘 보는 게 만능이 된 현장에
교육은 노동이 지식은 소모품이 되었다

스펙

학력 학점 영어성적 어학연수
자격증 봉사활동 인턴십 수상내역
이십 대를 빽빽이 밀어 넣어도
채우기 힘든 퍼즐을 만들어 놓고
개인의 노력이 부족했다 탓하기엔
사무실을 차지한 어느 누구도
자신의 퍼즐에 떳떳하지 못했다

폭력

훈육을 이유로 매를 맞은 아이는
폭력의 명분을 또 하나 배운다
체벌의 공포에 길들여진 아이들은
폭력에 침묵하는 법을 배운다
그들이 성장해 사회를 구성할 때
폭력은 자연스러운 수단이 되고
부조리에 복종하고 눈 감을 때
폭력은 집단의 이성을 지배한다

이념

같은 운동복을 입고 같은 모자를 쓰고
오와 열을 맞춰 카드 섹션을 연습한다
가무에 소질이 있는 일부는 따로 모여
지도자를 찬양하는 공연을 준비한다
축제가 시작되면 모두 격양되어
손을 흔드는 수뇌부를 향해 환호하고
개중에 몇 명은 뜨거운 눈물을 흘린다

이것은 공산주의 국가의 전당대회
그리고 자본주의 국가 어느 기업의
신입사원 하계수련대회

상담

담임선생님은 가고 싶은 학과가 있는지 물었다
내가 머뭇거리자 다시 좋아하는 과목을 물었다
애써 용기 내 미술을 좋아한다 했을 때
선생님은 옅은 미소를 띠며 펜을 내려놓곤
따뜻한 목소리로 이렇게 얘기했다

교직생활이 이십 년인데 너 같은 애들 없었겠니
미술 한다고 헛바람 든 애들 다 연락도 없어
지금부터 입시 준비하기엔 시간도 부족해
초등학교부터 그리던 애들을 무슨 수로 이기려고

공부하기 싫을 땐 뭐든 재밌게 느껴지는 법이야
정말 미술이 좋으면 대학 가서도 할 수 있으니
대학 갈 때까지만 공부에 집중하는 게 낫겠다
성적도 좋은 애가 왜 그런 쓸데없는 꿈을 꾸니

시간표

이제 막 여섯 살이 된 아이는
시계와 시간을 배우기도 전에
촘촘히 짜인 일과표를 받는다
이른 아침부터 영어 단어를 외우고
영어유치원 피아노 태권도 수학학원
논술학원에 다녀와 숙제를 마치면
응석 부릴 시간도 없이 잠자리에 든다
꿈에서 아빠가 밀어주는 그네를 타고
해맑게 소리 지르며 꺄르르 웃다가
엉덩이를 토닥이는 엄마의 손길에
부스스한 얼굴로 하루를 준비한다

도덕

새로 온 도덕 선생님은 이상했다

수업 시간에 교과서를 펴는 대신
난해한 질문을 던지며 아이들을 괴롭혔다

인간의 본성은 선한가 악한가
자신의 죽음을 선택할 권리가 있는가
집단을 위해 개인을 희생할 수 있는가

혼란스러운 아이들은 시험범위를 물었다
선생님은 오픈북으로 볼 테니 걱정 말라 했다
그 뒤로 수업을 듣는 아이는 없었다

중간고사가 다가오자 도덕 책은 두꺼워졌다
페이지를 접고 사이사이 밑줄을 그어놓고
그것도 불안해 촘촘히 요약한 노트를 붙였다

시험시간 교실은 책장 넘기기로 분주했다
한 문제 한 문제 답을 찾느라 혈안이 되었고
종이 울리자 여기저기서 탄식이 쏟아졌다
답안지를 내고 눈물을 쏟는 아이도 있었다

새로 온 도덕 선생님은 한 학기를 못 버텼다
책에 나오지 않는 문제를 출제했다는 이유로
극성스러운 학부모들의 성화를 견디지 못해

어쩌면 그는 알려주고 싶었을지도 모른다
도덕은 책 없이도 배울 수 있는 거라고

폐지를 정리하다 문제의 시험지를 발견했다

Q. 도덕을 배우는 이유로 가장 거리가 먼 것은?(4점)
(1) 옳고 그름에 대한 윤리적 지침을 제공한다
(2) 도덕적 문제에 대해 생각할 수 있는 힘을 길러준다
(3) 편견을 버리고 타인을 이해할 수 있게 도와준다
(4) 중간고사를 잘 봐 좋은 대학에 갈 수 있다

12:00PM

12:00PM

머뭇머뭇하다 오늘 하루도
어느새 반이 지나갔다

변화

변하기 위해서는
익숙함을 버리고
어색함을 들이는
용기가 필요하다

그늘

올해 임원 인사에 A 부장이 포함됐다
사무실은 모처럼 웃음소리로 가득했고
영전을 축하하기 위한 발길이 모였다

그를 아는 사람들은 입을 모아 칭송했다
A 부장은 전차같이 우직한 사람이라고

충성스런 나팔수가 된 이들은 외면했다
자발적이라며 야근 수당 없이 일한 직원들과
개인 과실이라고 산재를 인정받지 못한 노동자
원가절감을 이유로 이익률을 줄인 협력업체와
기술을 뺏긴 중소기업 사장의 마지막 모습을

거대한 전차의 캐터필러를 돌리기 위해
얼마나 많은 이들이 연료로 태워졌는지

장기자랑

비품 창고에는 작년 누군가 입었던
반짝이 재킷과 핫팬츠가 있다
올해도 신입사원 중 누군가는
이 옷을 입고 송년회를 빛낼 것이다

사랑

영원하지 못한 시간을 살며
영원함을 약속하는 것처럼
사랑은 비이성적이다
하지만 어느 날 갑자기 나타나
정신없이 흔들어대는 그 감정을
설명할 수 있는 것도 사랑뿐이다

빚

하늘은 누런 먼지로 가득하고
바다 위엔 쓰레기가 떠다닌다
버려지는 것들이 쌓이고 쌓여
다음 세대의 숙제로 미뤄진다
각자 이해관계를 따지는 동안
행성의 시간은 점점 짧아진다

상대성

기술의 비약은 세상을
신속하고 편리하게 만들었지만
그만큼 빨리 움직여야 했기에
시간은 언제나 부족했다

선거

영남의 아들
호남의 사위
충청의 손자
강원의 조카
대통령의 측근
전 대통령의 후배
정책은 실종되고
정체성만 부각하며
유권자를 조롱하는
자유민주주의의 선거

혐오

그들은 문밖으로 나서기 전부터
황색 피부를 가졌다는 이유로
페니스를 갖지 않았다는 이유로
특정 지역 출신이라는 이유로
결손가정에서 자랐다는 이유로
임대 아파트에 살고 있단 이유로
누군가의 눈엣가시가 되어있었다

계산

결혼을 앞둔 연인은 계산기를 두드리며 다툰다
사랑이 가리고 있던 물질적 담론의 대척점에서
오고 가는 것의 균형을 맞추던 서글픈 한 쌍은
서로에게 방아쇠를 당겨 차가운 균열을 만들곤
결혼은 현실이라며 감정의 골에 참호를 쌓는다
승패가 무의미한 갈등에 상처를 주고받는 동안
사랑은 물질과 숫자로 환원되어 장부에 적히고
전통을 팔아 장사하는 이들만 콧노래를 부른다

허례

먼저 오늘 결혼식을 이끌어 주실 A 주례 선생님을 모시겠습니다 오늘 주례께서는 신랑 아버님의 오랜 친우이시자 대학 동문으로 B 대학교를 졸업 후 주식회사 C 그룹에 신입사원으로 입사하여 25년간 근무하시며 대표이사 사장까지 오른 독보적인 분입니다 근무기간 동안 C 그룹 조직문화 활성 대책 본부장을 역임하셨고 이후 C 그룹의 분사 회사 E 컨설팅 초대 대표를 역임하셨습니다 현재는 세계 F 협회 공동대표와 대한 G 운동 본부 자문 위원을 맡아 좋은 세상을 만들기 위한 사회 공헌 활동을 활발히 하고 계십니다

3:00PM

3:00PM

나는 누구인가
이것은 평생을 걸쳐 풀어야 하는
나 말곤 아무도 관심 없는 이야기

없다

하고 싶은 건 많은데
돈이 없다
돈을 벌어야 하므로
시간이 없다
시간을 아끼다 보니
여유가 없다
여유가 사라진 삶에
서로를 담을
작은 그릇조차 없다

나이

능력과 상관없이
누구나 동등하게
얻을 수 있는 것
노력하지 않아도
너무나 정확하게
늘어만 가는 것

유행

유행을 좇으며 남보다 앞서가는 걸 자랑하지만
그래봐야 원형 트랙 위를 열심히 도는 것뿐이다

조언

조언을 건넬 때는 다음을 명심하자
오래된 경험은 유통기한 지난 음식이다
근거 없는 선구안은 벌레 먹은 과일이다
무관심과 비난은 차가운 유리 조각이다

시차

각자의 시간을 살아온 사람들에게
같은 시각을 강요하는 건 의미 없다
표준시가 존재하지 않는 인간관계에서
지금 필요한 건 의미 없는 다툼이 아닌
서로의 시차에 적응하려는 노력이다

시선

나는 나로 살아온 줄 알았는데
나는 나를 연기해 왔을 뿐이다
남의 눈에 어긋나지 않는 길로
남의 눈이 인정하는 취향대로
내가 존재하지 않는 나를 빚었다
이젠 렌즈 건너 보정된 나와
거울 속 나의 괴리를 느끼고도
나는 나로 돌아갈 수 없다

기업

A 병원에서 태어나
A 물산의 옷을 입고
A 식품의 급식을 먹으며
A 후원 대학을 졸업해
A 자동차를 타고
A 핸드폰을 쓰고
A 상사에 출근한다
A 아파트를 분양받아
A 전자제품을 채워 넣고
A 마트에서 장을 보며
A 카드로 결제를 하고
A 호텔로 휴가를 떠나고
A 증권의 연금을 받다가
A 병원에서 삶을 마감한다

의전

회의를 마친 A 전무가 갑작스레 회식을 제안했다 B 부장은 저녁에 시간 비우라고 부서원들에게 전파했다 C 차장의 주도하에 직원들은 오전 내내 회식 메뉴를 찾았다 D 과장은 좌석을 배치했다 전무의 양옆은 술 잘하는 여직원들로 앞에는 입담 좋은 총무로 또한 D 과장은 차량을 배차했다 외제차를 가진 직원은 세차를 하고 뒷좌석을 정리했다 반면 사원 중 일부는 버스를 탔다 E 대리는 신입사원들에게 술자리 주의사항을 가르쳤다 그 밖의 사원들은 일정을 취소하고 패기 있는 건배사를 생각했다 그날 밤 술잔은 돌고 한 사람의 기분을 맞추기 위해 모두 긴장을 놓지 않았다 그는 술에 취해 같은 얘기를 반복했지만 처음 듣는 얘기처럼 몇 번이고 탄성을 지르며 손뼉을 쳤다

　　　　　나도 이 얘기가 지어낸 거라면 좋겠다

아첨

식당 앞에서 구둣주걱을 찾던
상사의 구두에 검지를 끼운 그는
사회생활 잘 한다며 승승장구했고
덕분에 회사엔 새로운 문화가 생겼다

없애다

회사 용어 사전을 만든다면
다음 단어들을 없앨 것이다

위기, 업무 효율, 총력, 혁신
애사심, 희생, 자발적, 헌신
갑을, 주인의식, 야근, 회식

금지어 : 나 때는, 예전엔

5:30PM

5:30PM

빨라진 시계를 부리나케 쫓아가느라
책 한 권의 여유조차 없는 조급한 일상에
마음 한구석 무언가 두고 온 것은 없는지요

날개

지난날
세상은 더 넓어 보였고
온통 궁금한 것 투성이었다
심장은 터지는 용암처럼 왈칵거리고
태양 속에 몸을 던지듯 사랑을 했다

겁 없이 하늘을 질주하던 이카루스의
새하얀 날개는 재가 되어 흩어졌다
차가운 땅 위로 내동댕이 쳐진 그는
그날을 회상하며 얘기한다

그땐 어렸다고

기껏해야 한 뼘 더 자랐을 뿐인데
돌처럼 굳어진 그의 마음엔
더 이상 날개가 돋지 않았다

여운

여행의 끝은 긴 여운과 함께 한다
낯선 거리 그곳에서 만난 사람들
무심코 지나왔던 작은 것들까지
추억의 일부로 마음에 남았다
다시 돌아갈 수 없는 시간이기에
마침표를 찍기 아쉬울 따름이다

상처

친구끼리 장난이었다며
진심으로 뉘우치고 있다며
가해자의 기억은 끝이 나지만
피해자의 가슴에 아로새긴 흉터는
평생에 걸쳐 지워도 사라지지 않는다

유품

할머니의 방은 작았다
문지방을 넘자 누런 솜 이불이 발에 차인다
볼록한 티브이 옆 손때 묻은 액자 속
오랜 시간 잊고 지낸 마지막 가족사진

빛이 잘 들지 않는 방이었다
창문으로 스며드는 저녁놀에 비친 먼지들
한쪽 구석에 접혀있는 양철 밥상
아버지는 묵묵히 짐을 꺼낸다

낡은 장롱 안에 주인 잃은 옷들 사이로
연분홍빛 허름한 블라우스 한 벌이
세탁 비닐에 쌓인 채 조심스럽게 걸려있다
할머니가 버리지 못한 손주의 첫 선물이었다

노을

하늘이 분홍빛으로 물드는 날이면
큐폴라에 올라 도시를 내려다보던
이십 대 어느 겨울 여행자가 된다
뽀얀 대리석 위 커피색 지붕과
클림트가 꾸민 듯한 오래된 다리
광장의 회전목마와 순수한 아이들
그 모습을 미소로 지켜보는 어른들
    거대한 트리 앞에 비어있는 구유
    4층 건물의 고장 난 엘리베이터
    여행의 목적을 잠시 내려놓고
    도시에 푹 젖어들었던 그날은
다시 오지 않는 하루임을 알았는가
노을빛은 망설이다 어느새 흩어졌다

추억

어떤 추억은 오랜 시간 동안
마음을 그 안에 가둬놓는다

시간이 지날수록 사위어가는
순간의 반짝임에 넋을 놓곤
그리워하고 또 아쉬워하도록

그렇게 뒤를 보며 걷는 동안
다가오는 수많은 반짝임은
그냥 지나쳐 보낸 채 말이다

사진

홀러가는 시간을 막지 못해
우린 열심히 셔터를 누른다
지나치기 아쉬운 순간들을
오랫동안 간직하기 위해서
다시 오지 않을 시간임에도
기억에서 사라질 게 두려워
뷰 파인더에 시선을 맡긴 채
즐기지 못하고 흘려보낸다

연대

질병은 보여주었다

같은 공기를 마시며
두려움을 공유하고
쉽게 죽는 인간을

통계의 숫자가 되고
기억할 새도 없이
사라지는 인간을

그럼에도 서로를 위해
먼저 손 내밀며
나아가는 인간을

사고

아이가 죽었다
피켓을 들었다
사람들이 모였다
정치인이 찾아왔다
사진을 찍었다
그가 당선됐다
사람들이 떠났다
보상금 때문이냐며
핀잔을 들었다
아이들이 죽었다
시위가 벌어졌다
사람들이 모였다
정치인이 찾아왔다
사진을 찍었다
그가 당선됐다
사람들이 떠났다

단념

마음은 강물과 같아서
흐르지 못하면 썩어버린다
지나간 일에 미련 두지 말고
슬픔도 아픔도 모두 흘려보내자
강바닥에 생긴 상처도
언제 그랬냐는 듯
다시 평평해질 테니

8:00PM

8:00PM

못난 하루도
스스럼없이 기록할 수 있는 용기를 주세요

내일부터

오늘도 아직 다 쓰지 못했으니
        이 말은 아껴야겠다

완주

꿈을 이룬 사람들이 지나온 길엔
볼품없는 계획을 가지고도 나아간 한 걸음
마음에 들지 않아도 끝까지 걸어온 날들이
                   차곡차곡 쌓여있다

실패

원하는 결과를 얻지 못했다고
지난 노력이 시간 낭비가 되진 않는다
끓는점에 단 1도 부족하다고
99도의 물이 차가운 게 아닌 것처럼

진실

손바닥만 한 창이 보여주는 세상에선
누구나 진실을 만들고 유통할 수 있다

전문가의 권위 편향된 출처 짜깁기 된 대화
자극적인 제목과 사진으로 포장된 진실은
지식을 갈구하는 대중에게 서서히 스며든다

참과 거짓을 구분할 새 없이 쏟아지는 텍스트에
대중의 관심은 분산되고 멀어지고 또 잊히고
거짓에 희생된 이의 절규만 애처로이 남았다

틀

새로 부임한 파트장이
보고서 양식을 전파했다

여백 좌우 25mm
위 20mm 아래 15mm
제목 중고딕체 16pt
본문 휴먼명조체 14pt
왼쪽 맞춤 들여쓰기 한 칸
장평 대표 95% 영문 80%
자간 0% 필요시 −5%
줄 간격 160%

전임자와 마찬가지로
반드시 한 장 안에
결재판 필수
전자결재 불가

고민

도시를 밝히는 수많은 불빛들
저마다 담긴 사람 사는 이야기
희극과 비극은 영원하지 않고
고통과 만족도 날마다 다른데
내게 쓰인 작은 이야기 하나가
왜 더 크고 불행해 보이는 걸까

전문가

낡은 전공 책엔 새로운 지식이 쌓이지 않고
족보가 퍼진 뻔한 시험은 바뀔 생각 없는데
학점을 잘 준단 이유로 가장 먼저 마감된다
출석이 불리면 일부는 강의실을 빠져나가고
남아있는 일부도 토익과 자격증 책을 펴지만
늙은 교수는 낡은 교재를 칠판에 옮길 뿐이다
한때 진리의 상아탑이라 불렸던 대학은 이제
학점만 찍어내는 게으른 권위를 양산한다

반성

반성문을 쓰면 형량이 줄어든다
돈을 내면 반성문을 대신 써준다
고로 돈을 내면 형량이 줄어든다
자본주의 사회의 기이한 삼단논법

관계

나이가 들수록
활동 반경이 커지고
더 많은 사람을 사귀지만
나는 여전히 작아서
관계의 농도는 점점 옅어진다
마치 잉크 한 방울을
작은 컵에 떨어트릴 때와
큰 욕조에 떨어트릴 때처럼
그럼에도
모든 관계를 붙잡으려다 보니
마음에 여유가 없을 수밖에

반려

어미의 젖 내음조차 기억할 새 없이
유리상자 속 상품이 된 작은 짐승은
매일 쇼윈도 너머 낯선 시선을 맞이한다

영수증이 출력되면 조그만 케이지에 담겨
사료 한 봉지와 함께 덜컹거리는 차를 탄다

누군가의 선물이 되어 기쁨과 감동을 주고
 이름을 얻지만 목소리와 생식샘을 잃는다

사라지는 귀여움과 늘어나는 병원비

어느 밤 멀어지는 자동차를 쫓아
아스팔트 위를 할딱이며 달린다

12:00AM

12:00AM

어제와 같은 밤, 내일도 오늘과 같은 밤
일상을 반복하며 부표처럼 떠있다

초심

마음이 변하지 않는다면
초심이란 말은 없었을 것이다

반복

몇 번이고 되돌리는 동안
우연이란 마법은 힘을 잃었다
어쩌면 후회와 미련은
현재를 더 뜨겁게 살아가라며
시간이 내게 준 선물이 아닐까

재활용

버려도 버려도 쌓인다
플라스틱과 비닐이
어디로 가는지
관심도 없으면서
분리수거 좀 하는 걸로
쉽게 마음의 짐을 던다

한숨

새벽 한 시
출근을 생각하면 잠들었어야 할 시간인데
아쉬움에 눈이 감기질 않는다

눈을 감아버리면
회사에서 보낸 시간이 하루의 전부라는 게
그렇게 하루가 끝났다는 게

지표

연말이 되면 직원들은
한 해의 성과를 보고한다
앉아서 보고만 받는 이가
흡족할 만한 결과를 위해
교묘하게 현상을 왜곡한다
  나아진 건 하나도 없는데
  아무도 총대를 매지 않아
    올해도 무사히 지나간다

달력

오래 걸릴 것 같던 달력도
벌써 마지막 장에 도착했다
도중에 떨어진 다짐들을
주섬주섬 주워 담아
다시 새로운 달력에 새긴다

무감각

지구 어딘가엔
오늘도 총성이 오간다
먼저 사라지는 건
언제나 무고한 생명들
평화를 말하면서
믿음은 없고
폭탄은 진화해
공멸을 준비한다
외줄 타는 광대의
손바닥 위에 떠있는
유리공 같은 운명에도
무심한 사람들은
고작 계좌에 찍힌
몇 자리 숫자를 위해
아등바등 하루를 산다

후회

나는 왜
내일을 당연하게 여기며 살아왔을까

굴레

인간에게 주어진 80 년이란 시간은
무한한 우주에서 찰나와 같다
그 허무함을 반복하며
인류는 어느덧 4만 년을 이어왔다

마디

해가 뜨고 지면서
하루엔 마디가 생겼다
그 침묵의 경계를 지나면
좋았던 순간도
힘들었던 순간도
조금씩 옅어진다
덕분에
새까매진 마음 위에도
새로운 이야기를
쓸 수 있게 되었다

조명받지 못한 사람들을 위해

2쇄를 내며

 많은 관심 덕에 예상보다 빨리 2쇄를 찍게 되었습니다. 감사한 마음을 담아 자주 받은 질문을 정리해 덧붙입니다. 책과 작가를 이해하는 데 도움이 되길 바랍니다.(개인적으로는 독자가 이해하는 영역도 작품의 일부라 생각하여 다양한 해석을 권장합니다. 굳이 작가의 기획 의도를 알고 싶지 않은 분은 절취선을 따라 이 페이지를 오려주세요.)

이 책은 시집인가요?

 쉽게 읽을 수 있는 책을 쓰고 싶었습니다. 두 가지 이유가 있는데 우선 사놓고 읽지 않는 책이 되기 싫었고 또 스마트폰에 익숙한 대중에게 읽기 편한 글로 다가가고 싶었습니다. 그런 고민 끝에 지금의 모습으로 출판이 이루어졌습니다. 간결하게 쓰다 보니 구조적으로는 시를 닮았습니다. 그러나 시는 아닙니다. 이 책은 아름다

운 문장을 고민하지 않았기 때문입니다. 대신 통념에 묻혀 사라지는 이야기들을 날카롭게 끄집어내는 데 마음을 기울였습니다.

서점에서는 에세이로 분류합니다. 독립출판에서는 단상집이라는 용어를 씁니다. 하지만 앞서 얘기했듯 본인도 정확한 장르를 정의하지 못합니다. 그저 쓰고 싶은 걸 썼으니까요.

실제 겪은 일인가요?

회사 생활을 하던 중 문득 일상에 부조리를 느꼈습니다. 시스템의 지배를 받으며 월급이 주는 달콤함에 영혼까지 조아리던 나는 정작 화를 내야 할 대상에게는 한마디 못하고 세상 온갖 것에 분노합니다. 그중엔 습관적으로 열어보는 뉴스도 있습니다. 세상을 떠들썩하게 만든 이야기는 시간이 지나고 다른 이야기로 대체됩니다. 동정할 만큼 했으니 이제 그만하라는 말이 마음 아프게 들립니다. 그분은 더 이상 타인의 아픔에 공감할 에너지가 남지 않았다는 뜻이겠지요.

책에 담긴 모든 이야기는 생각이 쉽게 떠나지 못해 새긴 흔적입니다. 직접 경험한 일도 있고 분노로 대신한 일도 있습니다. 하지만 그게 무엇이든 마음에 걸림돌이 되길 바라며 썼습니다. 자꾸 거슬리면 언젠가는 변할 거라 생각하면서요.

책을 쓰게 된 계기는 무엇인가요?

처음에는 소설이 목표였습니다. 읽기만 하다 언제부턴가 쓰고 싶은 욕심이 생겼습니다. 그래서 문예창작을 공부했는데 도리어 글을 쓰는 게 어려워졌습니다. 아는 게 많아질수록 글에 흠이 더 많이 보였기 때문일까요.

쓰는 양보다 더 많은 양을 지웠습니다. 그만둘까 생각하다 우선 닥치는 대로 썼습니다. 써놓고 보니 그동안 비우지 못한 문장으로 가득했습니다. 이걸 다 털어내야 원하는 글을 쓸 수 있겠다 싶어 책으로 엮었습니다. 그렇다고 이 책이 불순물로 만들어졌다는 소리가 아닙니다. 꼭 꺼내야 했던 응어리를 말하는 중입니다. 그냥 덮고 지나칠 수 없었던 이야기 말이죠.

출판을 하고 나니 후련해졌습니다. 독자와 부딪쳐보니 혼자 글을 쓸 땐 볼 수 없는 내가 보입니다. 나는 이런 글을 좋아하는 사람이었네요. 글을 더 써야겠습니다.

다음 권의 계획은 어떻게 되나요?

『나의 작은 팔레트』는 총 세 권으로 기획되었습니다. 모아둔 이야기가 그만큼 많았는데 작업을 하면서 지우고 쓴 게 더 많아졌습니다. 그러다 보니 첫 번째 책은 넉 달이 걸렸습니다.

독립출판을 하며 다른 작가들의 글을 볼 기회가 많아졌습니다. 좋은 글을 많이 보면서 저도 줄글에 대한 욕심이 생겼습니다. 그래서 팔레트 2권은 긴 호흡으로 써보려 합니다. 많은 기대 바랍니다.

* 2쇄부터는 본문의 레이아웃 변경이 있습니다. 글자 크기 대비 줄 간격이 좁지 않나 싶었는데 많은 분이 저와 같은 생각을 하시곤 피드백을 주셨습니다. 책의 판형이 작다 보니 10pt도 크게 보이네요. 시행착오를 겪는 중이라고 긍정적으로 생각해 주시면 좋겠습니다.

나의 작은 팔레트 1부 끝.

나의 작은 팔레트 1
© 이정현 2022

초판 발행	2022년 4월 22일
3쇄	2023년 10월 23일

지 은 이	이정현
디 자 인	이정현
펴 낸 곳	바다새
출 판 등 록	제2022-000023호
전 자 우 편	seabird.author@gmail.com
S N S	Instagram @seabird.books
I S B N	979-11-978592-0-5

이 책에 포함된 저작물의 권리는 지은이에게 있습니다.